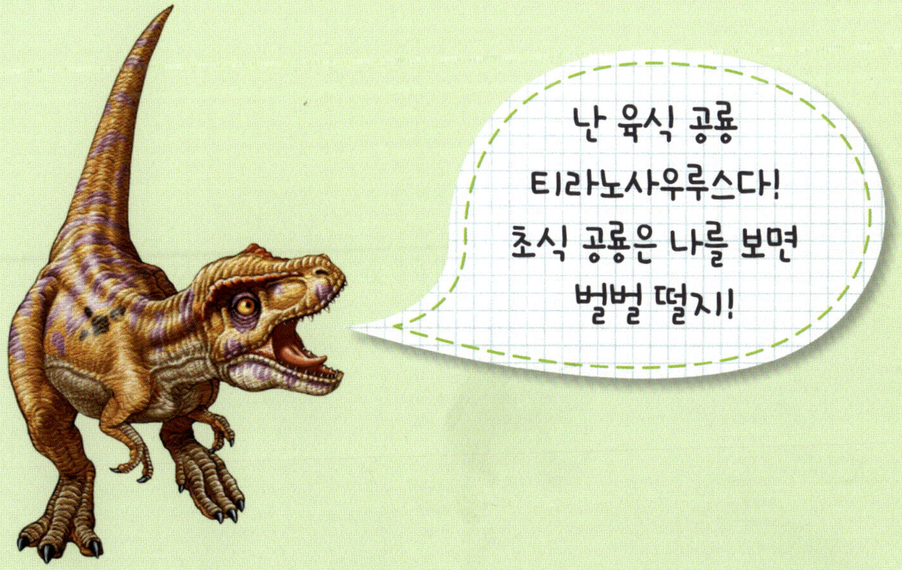
난 육식 공룡
티라노사우루스다!
초식 공룡은 나를 보면
벌벌 떨지!

글 정혜원

오랫동안 어린이책 만드는 일을 하며 동화도 쓰고 만화책도 만들고 외국 어린이책을 우리말로 옮기는 일도 했습니다. 지은 책으로 <팔봉이의 굉장한 날>, <별세상 목욕탕> 등이 있으며, 옮긴 책으로 <맥도널드 아저씨의 아파트 농장>, <벤자민의 생일은 365일> 등이 있습니다.

그림 꿈꾸는거북

그림책과 동화, 학습지, 만화 등을 기획하고 쓰고 그리는 사람들의 모임입니다. 어린이들에게 필요하고 유익한 정보를 자유로운 상상과 결합시켜 어린이들이 신나게 즐기면서 창의력과 사고력을 키울 수 있는 콘텐츠를 만듭니다. 작업한 책으로 <첨단 과학만화>, <푸르넷 세계여행>, <한반도와 세기의 공룡들> 등 다수가 있습니다.

감수 서승조

진주교육대학교 학장과 호주 그리피스대학교의 교수를 지냈습니다. 우리나라의 의성, 고성, 함안, 진주, 남해 등 곳곳의 공룡 화석을 조사, 발굴, 연구한 1세대 공룡 연구자 중의 한 명으로, 수많은 보고서를 냈습니다. 지금은 진주교육대학교의 과학교육과 명예교수이자 고성공룡박물관 명예관장, 과학기술부 및 동아사이언스의 과학 앰배서더를 맡고 있습니다. 지은 책으로는 <고성 공룡 이야기>, <고성 공룡 화석 도감> 등이 있습니다.

동물 · 육식 공룡 14 육식 공룡 티고도 어릴 때는 겁쟁이였대!

정혜원 글 · 꿈꾸는거북 그림 · 서승조 감수
펴낸곳 (주)아람키즈 | 펴낸이 이소영 | 주소 서울특별시 성동구 성수이로 147, 아이에스비즈타워 2F
고객센터 1644-4521 | 팩스 02-468-5548 | 홈페이지 www.aramkids.co.kr | 출판등록 제2020-000011호
기획 · 편집 · 디자인 (주)아람키즈 하늘땅
ISBN 979-11-6543-523-3 979-11-6543-574-5(세트)

• 눈을 편안하게 해 주는 친환경 식물성 원료인 콩기름 잉크로 인쇄하였습니다.
⚠ 책 모서리가 날카로워 다칠 수 있으니 사람을 향해 던지거나 떨어뜨리지 마십시오.
⚠ 종이에 베이거나 긁힐 수 있으므로 주의해 주십시오.

육식공룡 티코도 어릴 때는 겁쟁이였대!

정혜원 글 · 꿈꾸는거북 그림 · 서승조 감수

아람키즈

티라노사우루스 티고는 세상에서
제일가는* 공룡이야.

덩치도 엄청나게 크고, 힘도 무지무지 세.
누구도 티고를 이길 수 없어.

티고는 처음에 알 속에 있었어.
알 속의 영양분을 먹으면서 자랐지.
그러던 어느 날 빠지직하고 알이 갈라지더니
티고가 세상으로 나왔어.

티라노사우루스뿐만 아니라 모든 공룡은 알에서 태어나요. 티라노사우루스의 알은 기다란 타원형으로, 축구공 크기만 했다고 해요. 엄마 공룡이 둥지에 알을 낳으면, 알 속의 영양분을 먹고 자라다가, 공룡의 모습을 갖추면 알을 깨고 나와요.

꼬르륵!
티고는 배가 고파 먹을 것을 찾아 **두리번거렸어***.
마침 그때 티고의 엄마가 먹이를 구해 왔어.
"우아, 맛있는 고기다!"
티고는 고기 조각을 날름 받아먹었지.

엄마, 아빠 공룡은 사냥한 고기 조각을 아기 공룡들에게 가져다주어요. 아기 공룡 중 힘센 공룡은 잘 받아먹지만, 약한 공룡은 형제들에게 밀려 잘 먹지 못해 굶어 죽기도 했어요.

어느 날, 티고는 모험을 떠나기로 했어.
둥지를 나와 숲을 헤치고 나아갈 때였지.
"앗, 무서운 공룡들이 도마뱀을 잡아먹는다!"
티고는 너무 놀라 **후닥닥*** 도망쳤어.

육식 공룡에는 티라노사우루스 말고도 많은 공룡이 있어요. 오르니토미무스도 그중의 하나지요. 오르니토미무스는 다 자란 티라노사우루스에 비하면 3분의 1 정도 크기밖에 안 되는 공룡이지만, 아기 티라노사우루스보다는 열 배나 커요. 오르니토미무스는 곤충이나 작은 파충류를 잡아먹고 살았어요.

정신없이 도망치던 티고는 언덕에서 데굴데굴 굴렀어.
정신을 차리고 보니, 이번엔
어마어마하게 큰 공룡들이 있네.
"으악, 저 발에 밟히면 죽을지도 몰라."
티고는 눈을 꼭 감은 채 바들바들 떨었지.

에드몬토사우루스나 트리케라톱스, 알라모사우루스 등은 초식 공룡이에요. 몸집은 크지만 티라노사우루스의 먹이가 되곤 했던 공룡들이에요.

그런데 잠시 후 티고는 위로 쑥 들려 올라갔어.
티고의 아빠가 구해 주러 온 거였어.
"휴, 이제 살았다. 아빠, 고마워요."

어? 아빠를 보고
모두 도망치네.
우리가 무서운가 봐.
티라노사우루스가 얼마나
무서운 공룡인지
이제야 알았나 봐.

시간이 지나면서 티고는 쑥쑥 자랐어.

열 살이 넘어서는 눈에 띌 만큼 몸집이 커졌지.
그뿐인가? 이빨은 크고 날카롭고 강력해졌어.

티라노사우루스는 2살 무렵이면 30킬로그램 정도였다가 14살 무렵 1,800킬로그램 정도가 되고, 그때부터는 하루에 거의 2킬로그램씩 쑥쑥 자라 18살이면 5,000~6,000킬로그램이 되어요. 그 뒤로 죽을 때까지 몸무게가 거의 같았지요.

18살
몸길이: 12미터
몸무게: 5,700킬로그램

티라노사우루스의 무는 힘은 백상아리의 3배,
아프리카 사자의 15배나 될 만큼 강했어요.

몸집이 커지면서 티고는
차츰 용감해졌어. 사냥도 잘해서
다른 공룡들은 티고를 보기만
해도 벌벌 떨었지.

하루는 티고가 사냥한 고기를 먹고 쿨쿨 잠을 자고 있었어.
그런데 **잠결***에 시끄러운 소리가 들리는 거야.
“음냐 음냐, 이게 무슨 소리지?
어? 암컷 티라노사우루스가 위험해 보여!”

육식 공룡들은 사냥을 하고 나면 먹은 것을
소화시키기 위해 한참 동안 잠을 자요.

티고는 번개같이 달려가 트리케라톱스의 목을 콱 물었어.

트리케라톱스는 그 자리에서 푹 **고꾸라져*** 죽고 말았지.

암컷 티라노사우루스 티나는 티고에게 반하고 말았대.

물론 그건 티고의 말이야.
티나의 얘기는 다르거든.

티라노사우루스의 무는 힘은 지금까지 알려진 그 어떤 동물보다도 세서, 단단한 뼈까지도 와작 부서뜨릴 수 있어요.

아름다운 티나와 짝짓기를 하려면
수컷 티라노사우루스들끼리 싸워서 이겨야만 해.
티고는 남몰래 싸움 실력을 갈고닦았지*.
그리고 마침내 싸움에서 이겨 왕이 되었어.
"크아앙! 이제 티나는 내 짝이니
건드리지 마!"

수컷 공룡들은 암컷과의 짝짓기를 위해 수컷끼리 치열한 싸움을 벌여요. 싸움에서 이긴 수컷 공룡이 암컷을 차지하는 거예요.

그런데 가끔 티고가 겁쟁이처럼 보일 때가 있어.
사냥하는 걸 잘 봐.
젊은 티라노사우루스들이 사냥감을 몰고
티고는 바위 뒤에 숨어 있잖아.

티라노사우루스는 무리가 함께 사냥을 하기도 했어요. 무는 힘이 약한 대신 빨리 달릴 수 있는 젊은 티라노사우루스가 사냥감을 몰아가면, 조금 느린 대신 무는 힘이 강한 나이 든 티라노사우루스가 사냥감을 물어 죽이는 식이었지요.

티고를 당해 낼
공룡은 없다니까!

하지만 사냥감을 물어 죽이는 건
티고야.
역시 티고가 최고지?

크아앙! 육식 공룡은 무얼 먹고 살았을까요?

많은 육식 공룡들은 날카로운 이빨로 초식 공룡을 물어 죽여 먹잇감을 마련했어요. 하지만 모든 육식 공룡이 그랬던 건 아니에요. 육식 공룡들은 무엇을 먹고 살았을까요?

크고 사나운 육식 공룡들은 커다란 초식 공룡을 잡아먹고 살았어요. 때로는 작은 육식 공룡이나 다른 공룡의 새끼를 잡아먹기도 했어요.

에드몬토사우루스를 사냥하는 다스플레토사우루스

아비미무스처럼 몸집이 작고 이빨도 약한 육식 공룡은 원시 잠자리 같은 곤충을 잡아먹고 살았어요.

원시 잠자리를 잡아먹는 아비미무스

수코미무스나 바리오닉스 같은 공룡은 물고기를 잡아먹고 살았어요. 이런 공룡들은 물고기를 잡기 쉽게 기다란 입을 가졌지요.

강가에서 물고기를 잡는 수코미무스

다른 공룡의 알을 훔쳐 먹는 공룡도 있었어요. 알은 특히 어린 새끼를 위한 훌륭한 먹이가 되었지요.

다른 공룡의 알을 훔쳐 가는 드로미케이오미무스

공룡 가운데 누가 가장 빠를까요?

티라노사우루스도 매우 빨라서 사냥감을 노리고 달릴 때는 시속 50킬로미터로 달릴 수 있었어요. 하지만 타조 공룡들은 그보다 빨라서 시속 60~70킬로미터까지 달릴 수 있었어요. 갈리미무스, 오르니토미무스, 스트루티오미무스 등이 타조 공룡들인데, 다리가 길고 튼튼한 데다 새와 같은 부리 모양의 주둥이를 갖고 있어 타조 공룡이라 불리지요. 빠르게 도망치는 모습을 보면 초식 공룡 같지만, 육식도 하고 초식도 하는 잡식 공룡이에요.

가장 빠른 공룡에 속하는 스트루티오미무스

학자들이 공룡 똥을 좋아한다고요?

육식 공룡의 똥 화석

아주 먼 옛날 공룡이 눈 똥이 화석으로 발견되기도 해요. 학자들은 이러한 똥 화석을 무척 좋아하지요. 똥 화석을 통해 공룡이 무엇을 먹었는지 알아낼 수 있기 때문이에요. 티라노사우루스의 똥 화석이 발견되기도 했는데, 그 안에서 부서진 뼛조각이 발견되었어요. 그것으로 티라노사우루스가 먹이를 잘 씹지 않고 꿀꺽 삼켰다는 것을 알 수 있었지요.

공룡이 궁금해!

공룡은 몇 종류나 되나요?

공룡은 사람이 생겨나기 훨씬 전에 지구 위에서 살다가 사라졌어요. 그래서 공룡을 본 사람은 아무도 없지요. 우리가 공룡에 대해 알 수 있는 것은 화석을 통해서예요. 공룡이 몇 종류나 되었는지는 아무도 몰라요. 다만, 지금까지 발견된 공룡 화석으로 따지면 1,000 종류가 넘어요. 그중 400여 종류가 육식 공룡이고, 나머지가 초식 공룡이라고 해요.

신나는 과학놀이

문제 티라노사우루스는 아주 힘센 육식 공룡이에요. 다음 중 **잘못된 말**을 고르세요.

① 티라노사우루스는 알에서 태어나요.

② 아기 때, 엄마와 아빠가 가져다주는 먹이를 먹고 자라요.

③ 티라노사우루스는 초식 공룡에게 잡아먹혀요.

④ 티라노사우루스는 사냥을 아주 잘해요.

정답은? ① ② ③ ④

문제 티라노사우루스는 초식 공룡을 잡아먹고 살아요. **티라노사우루스가 잡아먹지 않는 것**은 무엇일까요?

① **에드몬토사우루스**

② **트리케라톱스**

③ **하드로사우루스**

④ **어린 티라노사우루스**

정답은? ① ② ③ ④